I0474788

www.ingramcontent.com/pod-product-compliance
Lightning Source LLC
Chambersburg PA
CBHW072220170526
45158CB00002BA/676
* 9 7 8 1 0 8 1 5 2 4 7 9 1 *